Eu poderia fazer xixi aqui

E OUTROS POEMAS DE GATOS

Eu poderia fazer xixi aqui

E OUTROS POEMAS DE GATOS

FRANCESCO MARCIULIANO

Tradução:
Leonardo Villa-Forte

Título original
I Could Pee on This
And Other Poems by Cats

Copyright do texto © 2012 *by* Francesco Marciuliano
Todos os direitos reservados.
Nenhuma parte deste livro pode ser reproduzida
no todo ou em parte sob qualquer forma
sem a autorização, por escrito, do editor.

No final do livro:
Agradecimentos e *copyright* conjunto de fotografias, informação de créditos.

Edição brasileira publicada mediante acordo com
Mendel Media Group LLC de Nova York, EUA.

Direitos para a língua portuguesa reservados
com exclusividade para o Brasil à
EDITORA ROCCO LTDA.
Av. Presidente Wilson, 231 – 8º andar
20030-021 – Rio de Janeiro – RJ
Tel.: (21) 3525-2000 – Fax: (21) 3525-2001
rocco@rocco.com.br
www.rocco.com.br

Printed in Brazil/Impresso no Brasil

Adequação poética:
TIAGO LYRA

CIP-Brasil. Catalogação na fonte.
Sindicato Nacional dos Editores de Livros, RJ.

M266e

    Marciuliano, Francesco
        Eu poderia fazer xixi aqui: e outros poemas de gatos / Francesco Marciuliano; tradução de Leonardo Villa-Forte. – Rio de Janeiro: Rocco, 2013.
        : il.

Tradução de: I could pee on this and other poems by cats
ISBN 978-85-325-2876-6

      1. Animais – Humor, sátira etc. 2. Humorismo americano. I. Villa-Forte, Leonardo, 1985-. II. Título.

13-06044   CDD – 817
                                                    CDU – 821.111(73)-7

Dedicado com amor à memória
de Boris e Natasha,
dois gatos inesquecíveis
a quem tive a grande sorte
de chamar de família

SUMÁRIO

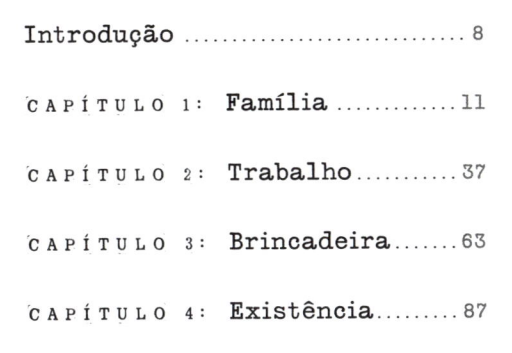

Introdução 8

CAPÍTULO 1: **Família** 11

CAPÍTULO 2: **Trabalho** 37

CAPÍTULO 3: **Brincadeira** 63

CAPÍTULO 4: **Existência** 87

Agradecimentos 112

INTRODUÇÃO

Por milhares de anos, gatos se esforçaram para expressar aos humanos o que significa ser felino. Eles usaram linguagem corporal, miado queixoso, e até um estilo de filmagem que poderia ser descrito como "câmera pós-queda empurrada pelo chão até ser esquecida ou lambuzada de saliva". Por milhares de anos, nós, humanos, temos testemunhado essa batalha infindável por conexão emocional e espiritual verdadeira enquanto nos limitamos a falar: "Olha essa carinha peluda! Olha essa carinha peluda! Quem é que tem uma carinha peluda? Você tem uma carinha peluda!"

Mas agora, através do poder da poesia e de um contrato de publicação, gatos de todos os lugares podem, enfim, abrir seus corações, mentes e almas a todos. Nas próximas páginas, você encontrará poemas escritos por gatos, reveladores de cada um dos seus desejos, cada um dos seus conflitos, e cada uma das suas epifanias. Você também vai descobrir por que gatos fazem coisas como pôr a pata inteira dentro do seu copo e depois olhar para você como quem se pergunta se você nunca compartilhou seu vinho antes. Sério, a pata inteira.

Como se achassem fácil tirar o laranja-malhado do pelo deles de dentro do seu Cabernet.

Na verdade, quando tiver terminado de ler essa antologia poética, você não só entenderá completamente tudo o que seu gato pensa e faz como irá até aplaudi-lo. Talvez premiá-lo. Ou organizar um desfile para ele no seu corredor, certificando-se de evitar as escadas para que os pequenos carros alegóricos não tombem. Ou você pode apenas fazer seu gato sentar, olhá-lo direto nos olhos e dizer: "Eu entendo. Realmente entendo... cara peluda."

CAPÍTULO

1

FAMÍLIA

Ao sentir o calor do seu peito
E escutar cada suspiro feliz
A seus olhos gentis pergunto
"Quem é esse cara aí, me diz?"

EPIGRAMA DOS GATOS

EU PODERIA FAZER XIXI AQUI

Esse suéter não tem meu cheiro
Nele eu poderia fazer xixi
Ela saiu de casa cedo
    largou o laptop na mesa de jantar
Nele eu poderia fazer xixi
O namorado dela acaba de empurrar
    minha cabeça sem hesitar
Nele eu poderia fazer xixi
Ela está ignorando meu desprezo
Quero fazer xixi em todo lugar
Ela está tentando compensar
    me pondo no colo a ninar
Eu poderia fazer xixi aqui
Eu poderia fazer xixi aqui

LAMBO SEU NARIZ

Lambo seu nariz
Lambo seu nariz outra vez
Arranho suas pálpebras
Ah, você acordou? Comida, já

PORTA FECHADA

ME DEIXA ENTRAR ME DEIXA ENTRAR
    ME DEIXA ENTRAR
ME DEIXA ENTRAR ME DEIXA
    ENTRAR ME DEIXA ENTRAR
ME DEIXA ENTRAR ME DEIXA ENTRAR
    ME DEIXA ENTRAR
ME DEIXA ENTRAR ME DEIXA ENTRAR
    ME DEIXA ENTRAR
ME DEIXA ENTRAR ME DEIXA EN—
Ah, hum, oi
Eu não esperava uma resposta
Não esperava uma proposta
Não esperava esse lugar tão sem bossa
Então, hum, tchau

POR QUE ESTÁ GRITANDO?

Por que está gritando?
O que fiz de errado?
Por que está chorando?
Como posso agradá-lo?
Gostaria de outra cor?
Gostaria em outro teor?
Gostaria em outro quarto?
Só queria mostrar meu amor
Só queria dizer que sou grato
Só pus no lençol, morto, um rato
Mas agora você está gritando
E não sei como mudar esse fato

QUEM É ESSE TROÇO NO SEU COLO?

Há outra gata na casa
Uma gata que nunca vi
Uma gata muito mais nova
Você parece saber o nome dela
Você me chamou pelo nome dela
Bem na frente da luminária
E da minha amiga, a almofada
Nunca fui tão humilhada
Talvez jamais volte a amar

SEPARAÇÃO

Pode ficar com os CDs,
    vou levar o novelo
Pode ficar com a TV,
    quero a bola de pelo
Fique com o kit cozinha,
    para mim, papel mastigado
Pode ficar com o carro,
    quero o carpete todo estragado
Pode ficar com a casa de praia,
    vou levar os lenços de papel
É teu tudo o que há sob o céu,
    opa, quero aquela meia, puro xexéu
Você vai pro inferno, é o meu trato
Pois como ousa chegar em casa
    cheirando a outro gato?

ALGO ESTÁ ERRADO

Algo está errado
Por que as paredes estão de outra cor?
Algo não está certo
Quando chegaram essas escadas?
Algo está fora do lugar
Como a cozinha se moveu pelo chão?
Algo está acontecendo
Quem mudou todas as casas lá fora?
Algo está muito estranho
Por que você está pronunciando "Georgia"
    errado, como se dissesse "Nova York"?
Algo aconteceu
Quando você me colocou naquela maleta
E um dia em breve
Vou descobrir

Da caixinha de areia de...

AMOR INCONTIDO

Massageio você com garras afiadas
Para lhe mostrar minha afeição
Mordo seu braço e não solto
Para lhe mostrar adoração
Ando sobre a sua garganta à noite
Porque quero dizer "Olá!"
Salto bem do alto em sua virilha
Pois sinto muita saudade de lá
Nas escadas eu o faço tropeçar
Para que saiba que estou perto
Sento na sua cara e bloqueio todo o seu ar
Para que do meu carinho não fique incerto
Mostro meu amor de tantas maneiras
Minha devoção não tem fim
Então não sei por que quando me aproximo
Você procura abrigo e foge de mim

IRMÃOS

Dizem que somos irmãos embora
    não sejamos nada parecidos
Dizem que somos família embora
    tenhamos tantas diferenças
Eu sou malhado, você é moreno
Eu sou longo, você é pequeno
Eu sou magro, você é robusto
Eu sou vivaz, você é tímido
Sou um gatinho, você é um hamster
Mas parente é parente
E a sua roda eu quero girar pra frente

Feliz Miau!

DA MINHA CAIXINHA DE AREIA PARA A SUA

Ó, ÁRVORE DE NATAL

Ó, por favor
Ó, vamos lá
Ó, como se você não soubesse
O que neste Natal ia ganhar
Antes dos embrulhos eu rasgar
Ó, aliás
A árvore fica melhor tombada
Ó, eu acho de lado ela bem adequada

A COLEIRA

Não bote essa coisa no meu pescoço
Não me faça sair pela porta da frente
Não me exiba no parque
Não me enfie em cada loja cheia de gente
Não sorria quando as pessoas param
    e me olham
Não sente lá fora e fique ao telefone
    gastando gogó
Não me passeie por essa maldita cidade inteira
E depois finja não saber por que continua só

SÉRIO

Sério?
Sério?!
SÉRIO?!
Se eu levasse VOCÊ ao médico
Eu me certificaria
De que voltasse com os dois apetrechos
Lá de baixo
Agora se você me dá licença
Vou olhar tristemente pela janela
Por uns dezoito anos
Dezoito loooooooongos anos
Sério?!

PARA SEMPRE

Poderia me deitar ao seu lado pelo resto
    das nossas vidas
Acho que vou embora agora mesmo
Poderia deixar você cuidar de mim por
    cem anos
Acho que precisamos dar um tempo
Poderia ser beijado mil,
    mil vezes
Acho que precisam de mim em outro lugar
Poderia sentar no seu colo para sempre
Eu disse que poderia sentar no seu colo
para sempre
Nem pense em levantar
Bem, você devia ter ido
    ao banheiro com antecedência
Porque para sempre é um tempo muito,
    muito longo

ESSA É A MINHA CADEIRA

Essa é a minha cadeira
Esse é o meu sofá
Aquela é a minha cama
Aquele é o meu banco
Lá está minha chaise
Lá está minha namoradeira
Aquele é o meu tamborete
Aqueles são os meus tapetes
Todo lugar é meu lugar de dormir
Talvez você deva arrumar um quarto de hotel

MINHA VIDA ESTÁ ARRUINADA

Aquilo era só para você
Era uma piadinha nossa
A fim de rirmos um pouco juntos
Nós dois sozinhos fazendo troça
Mas você pegou aquele momento especial
Colocou online
Agora quarenta milhões de pessoas pensam
Que eu lato como um cachorro
Então me escondo debaixo das cobertas
Amaldiçoando seu nome, sim
Dizendo: é melhor arranjar um bom advogado
    para você
ou um ótimo empresário para mim

CAPÍTULO

②

TRABALHO

―――――― 🐾 ――――――

```
        Dizem que há
   Vinte e quatro horas num dia
Mas só estou acordado em três delas
  E duas considero hora extra
```

PROVÉRBIO DOS GATOS

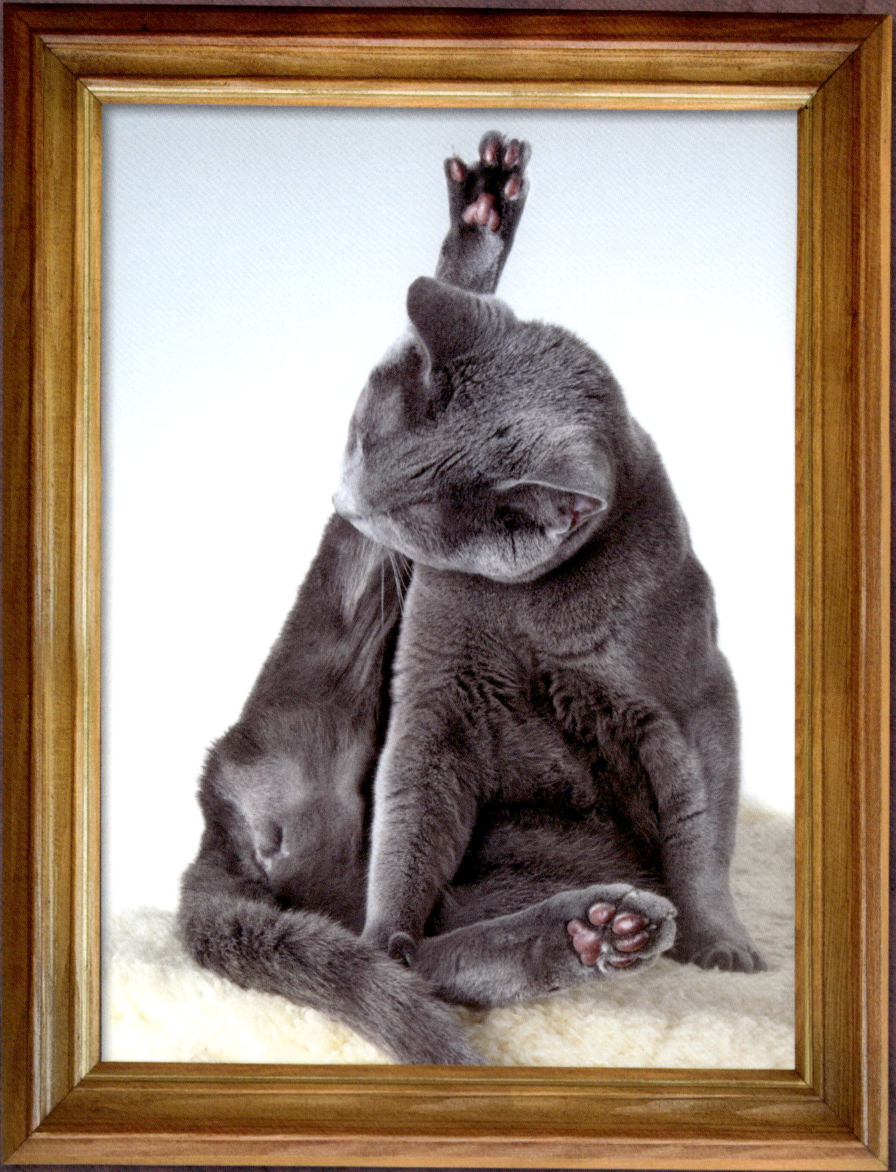

EU LAMBO

Lambo meu pescoço, lambo meu peito
Lambo minhas costas para ficar perfeito
Lambo minha pata para lavar minha cara
Levanto minha perna para lamber aquela área
Lambo meu rabo, lambo minha barriga
Lambo minha costas ou já falei disso acima?
Lambo meu rabo, e outra vez em seguida
Que se dane, vamos dar quatro lambidas
Lambo meu pescoço caso tenha esquecido
Lambi meu peito? Um ponto passou despercebido
Lambo meu rosto, minha perna, meu rabo,
    minha cara
Relambo minha barriga e depois, isso,
    minha cara
Lambo o tempo todo e faço um retoque
Sou tão limpo, só não consigo me limpar
    do meu TOC

SEU TECLADO

Suetdhe8defdisjas

Acabo de digitar um poema

    na sua apresentação

Chsothekstevdswdj

Acabo de digitar uma piada

    no seu email

Nosyd76mhdlwdag

Acabo de digitar algo pessoal

    na sua atualização de status

Vos7swps8s73wbk

Acabo de digitar minhas ideias políticas

    no seu tweet

Bhst9ahw-2ynsyhz

Acabo de digitar acidentalmente

    sua senha do banco

O gatinho vai comprar para si

    um novo arranhador

www.catbook.com/

catbook

Search

ⓘ Meows

Photos (32)

UM DIA

Um dia o dom da fala terei
Um dia nas minhas patas traseiras andarei
Um dia seus livros lerei
Um dia seu melhor terno de *tweed* vestirei
E nesse dia quando eu falar e andar
Quando souber das coisas da vida
    e ficar formidável de calça comprida
Quando for seu igual
    e não estiver sob seu comando
Irei depressa até você reivindicando
"Você pode pegar meu brinquedo felpudo
    favorito debaixo da cama?
Está lá há quase uma semana,
    e não consigo alcançar"

OCUPADO, OCUPADO

São 8 da manhã e é hora de descansar
São 10 da manhã e é hora de relaxar
É meio-dia e é hora de repousar
São 3 da tarde e é hora da pestana
São 6 da tarde e é hora da siesta
São 9 da noite e é hora da soneca
É meia-noite e é hora de cochilar
São 4 da manhã e é hora de me pendurar
    de ponta-cabeça no teto
    do seu quarto, a gritar

ARRANHA

Arranha Arranha Arranha
Arranha Arranha Arranha
Arranha Arranha
Arranha

Aí
Está pronto
Agora observe a perna do seu sofá
E veja uma réplica sensacional
    de *O Pensador* de Rodin
Quero dizer, se você olhar
    do ângulo certo
Bom, vamos em frente para a minha nova
    obra-prima –
Transformar suas cortinas em confete

Sério, eu devia montar
uma exposição individual

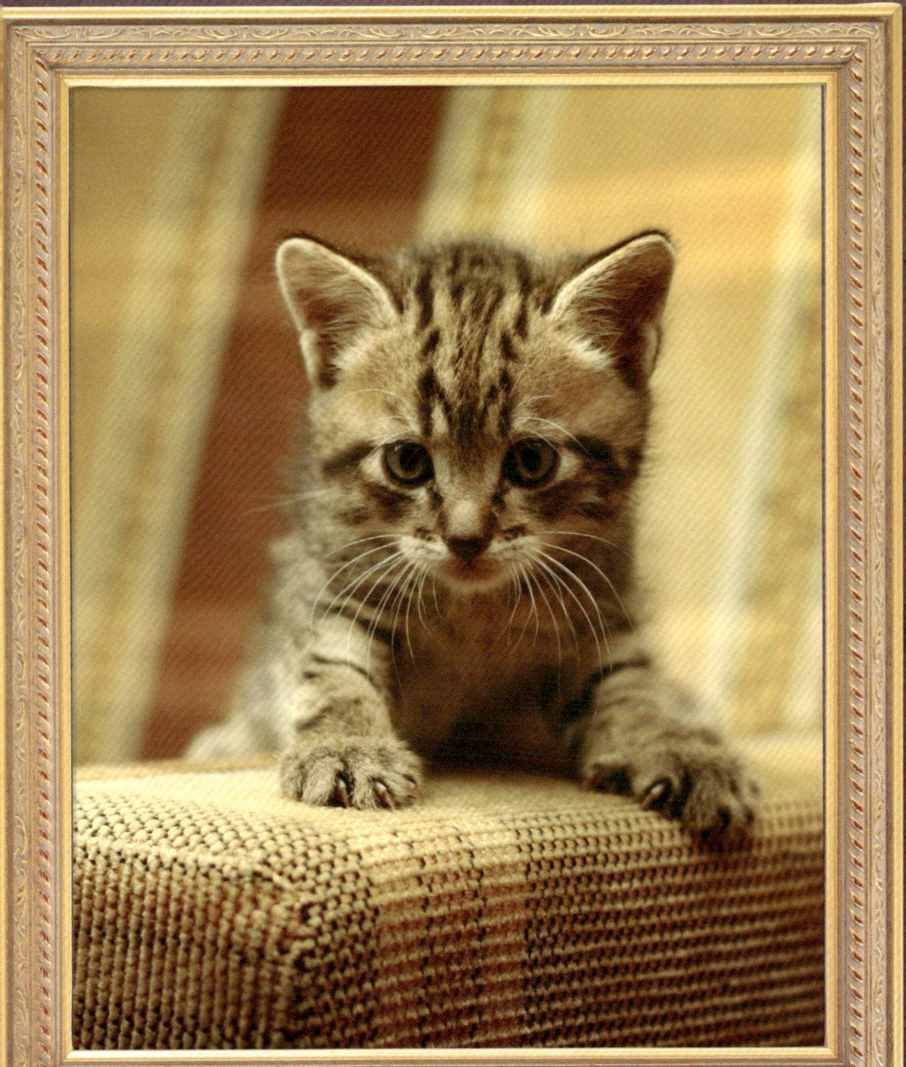

FALE COMIGO

Conte-me o seu dia
Conte-me sobre seus sonhos
Conte-me sobre a garota que você adora
Aquela que sorri mas vai embora à revelia

Conte-me seus maiores medos
Conte-me seus maiores segredos
Conte-me seus momentos mais queridos
Aqueles que iluminam seus mais escuros dias

Conte-me por que as coisas não deram certo
Conte-me por que há obstáculos no caminho
Conte-me por que eles o fazem paralisar
O pensamento do qual você não consegue
    escapar

Deite no sofá e fale comigo
Abra sua mente e não me esconda nada
Porque acho que acabo de sacar
    como cobrar de você
E estou a ponto de ganhar uma baba

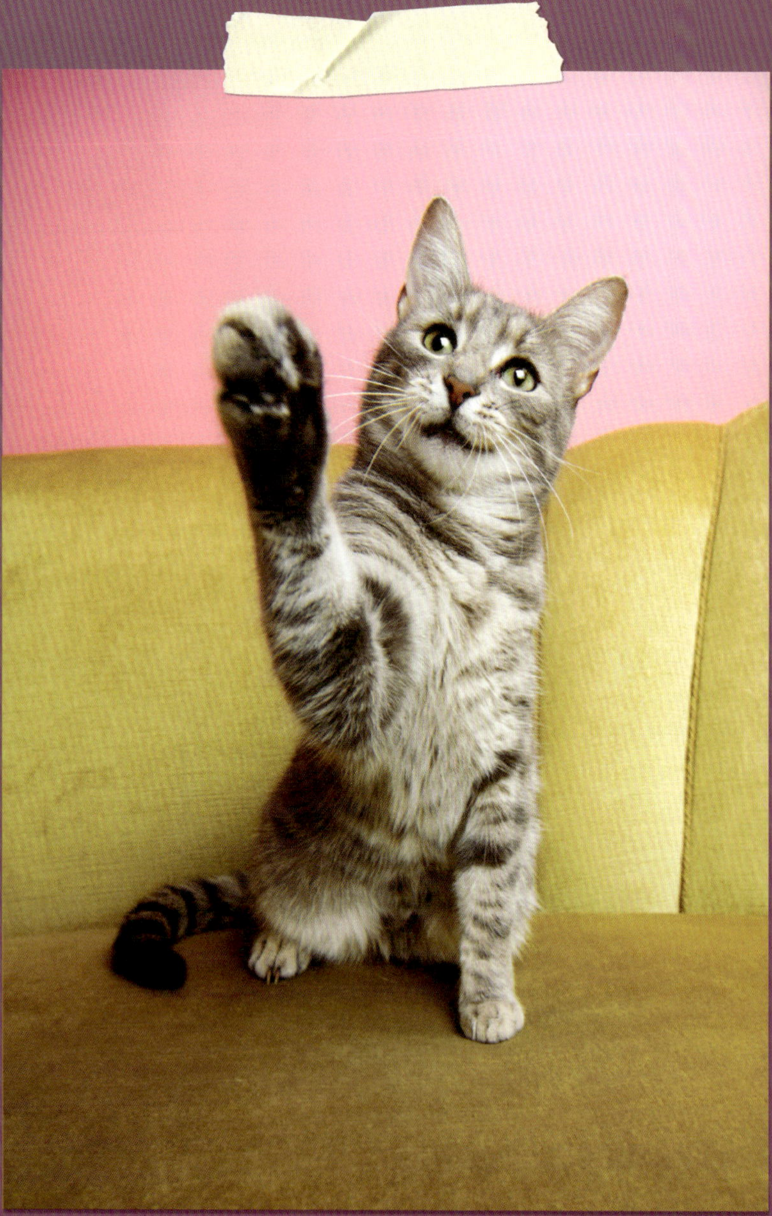

VOCÊ SABIA

Você sabia?
Você viu?
Você contou?
Quantas vezes
Tive de dar uma pancada na mariposa
Em sua testa
Com a minha pata?
Foram tipo mil
Está morta agora, veja você
Definitivamente morta
Mais uma pancada
Não há de quê

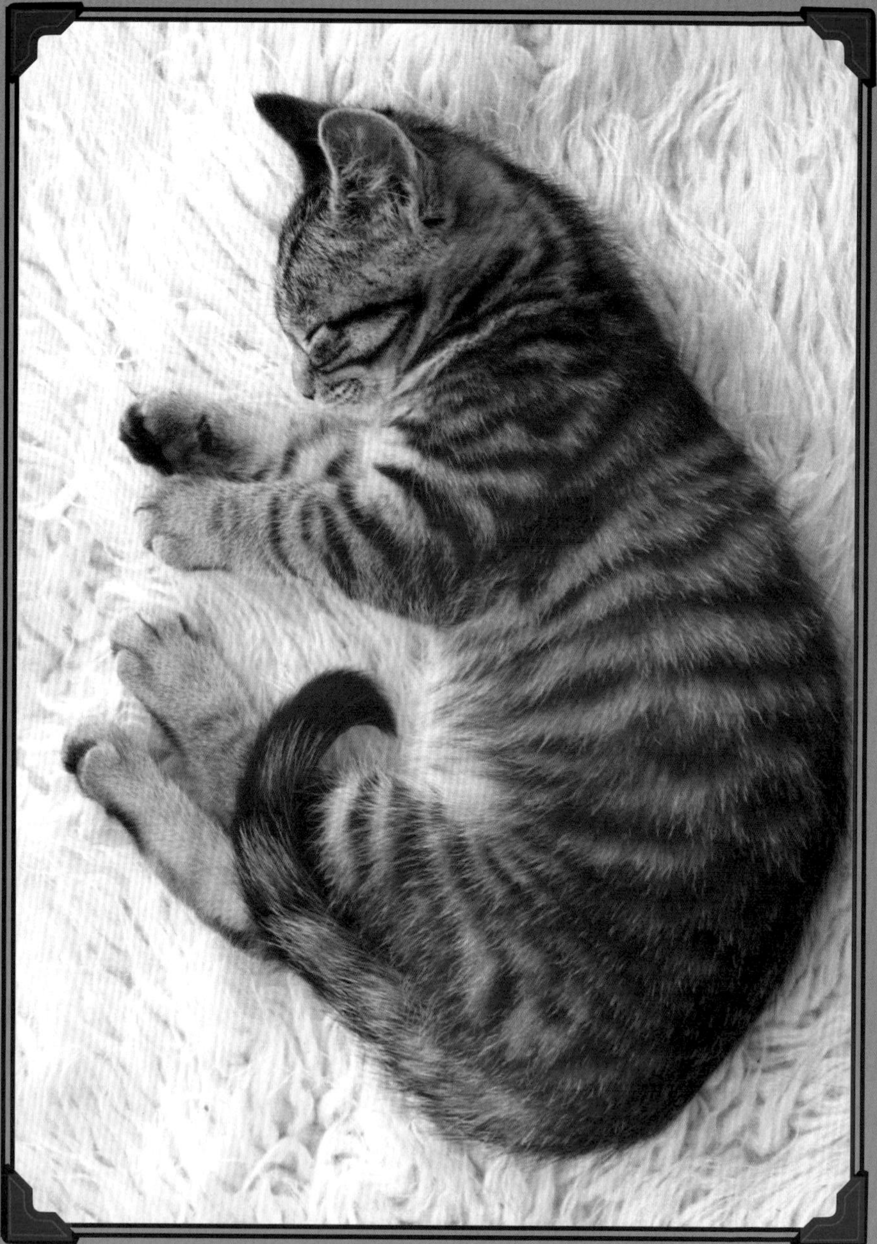

NOVE VIDAS

A primeira vida é para correr
A segunda vida é para observar
A terceira vida é para escalar
A quarta vida é para rasgar
A quinta vida é para dormir
A sexta vida é para dormir
A sétima vida é para dormir
A oitava vida é para dormir
A nona vida é para as memórias escrever

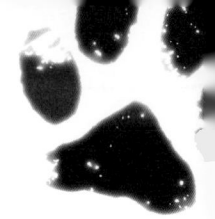

EU CORRO

Eu corro pela sala
Disparo pelo chão
Me choco contra essa parede
Achei ter visto algo
Esqueci o que era
Agora todos me encaram
Então corro de volta pela sala
Disparo de volta pelo chão
Me choco contra a outra parede
E assim todos vão pensar
Em um circuito de competição

DERRUBADO

Desculpe por ter te derrubado na sala
Desculpe por ter te derrubado no escritório
Desculpe por ter te derrubado no quarto
Desculpe por ter te derrubado na cozinha
Desculpe por ter te derrubado no sótão
Desculpe por ter te derrubado no porão
Desculpe por ter te derrubado na porta
Desculpe por ter te derrubado no cimento duro
Mas uns homens me pagaram cinco mil
    para te matar

ESTAMOS JUNTOS

Limpei o chão
Esfregando seu suéter
Arrumei a mesa
Com algumas chicotadas do meu rabo
Varri o pó das estantes
Onde você tem toda sua bugiganga
Fiz a sua cama
Cheirar muito mais a mim mesmo
Estou aqui para ajudar
Quero fazer minha parte
Afinal, estamos nessa juntos

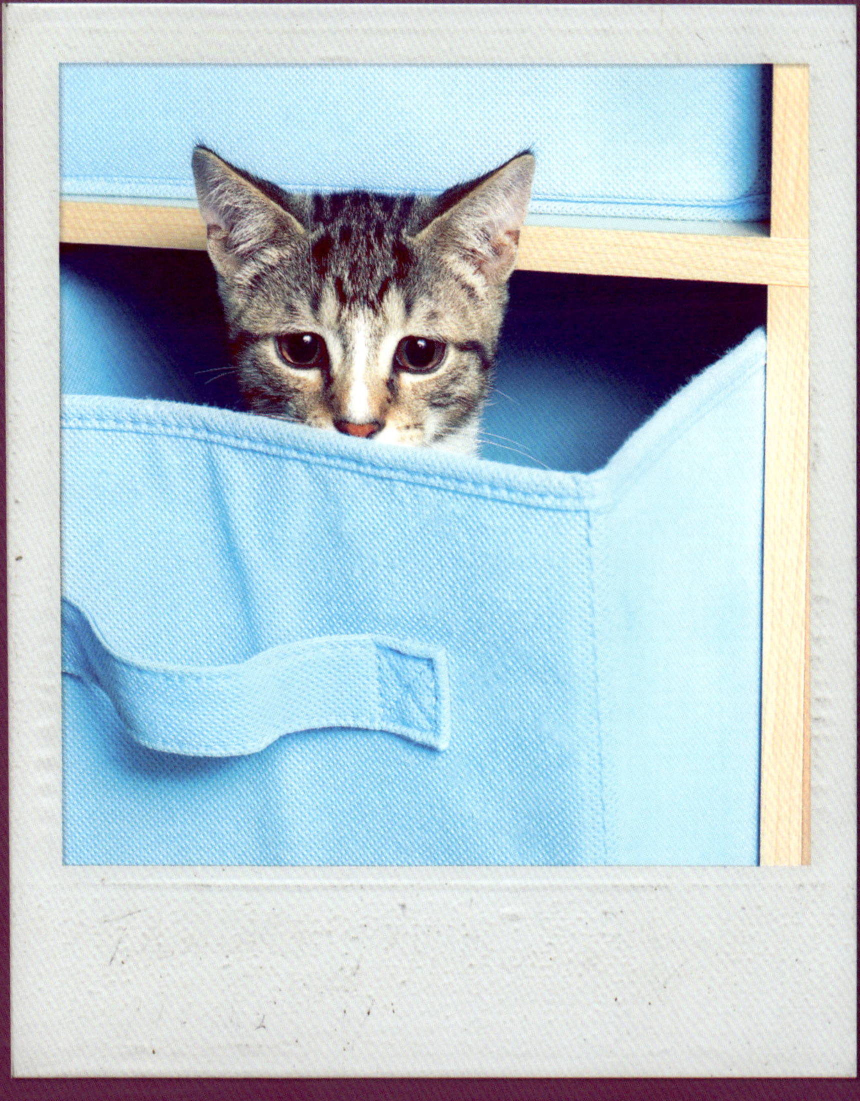

ME CHAMAR

Você pode
Me chamar de
"Fofinho"
Mas até
Que coloque
"Senhor"
Na frente
Eu não pretendo olhar

FRANGO E ARROZ

Frango e arroz no primeiro dia
Frango e arroz no segundo dia
Frango e arroz no terceiro dia
Frango e arroz no quarto dia
Frango e arroz no quinto dia
Frango e arroz no sexto dia
Cordeiro e arroz hoje
E num instante meu mundo caiu

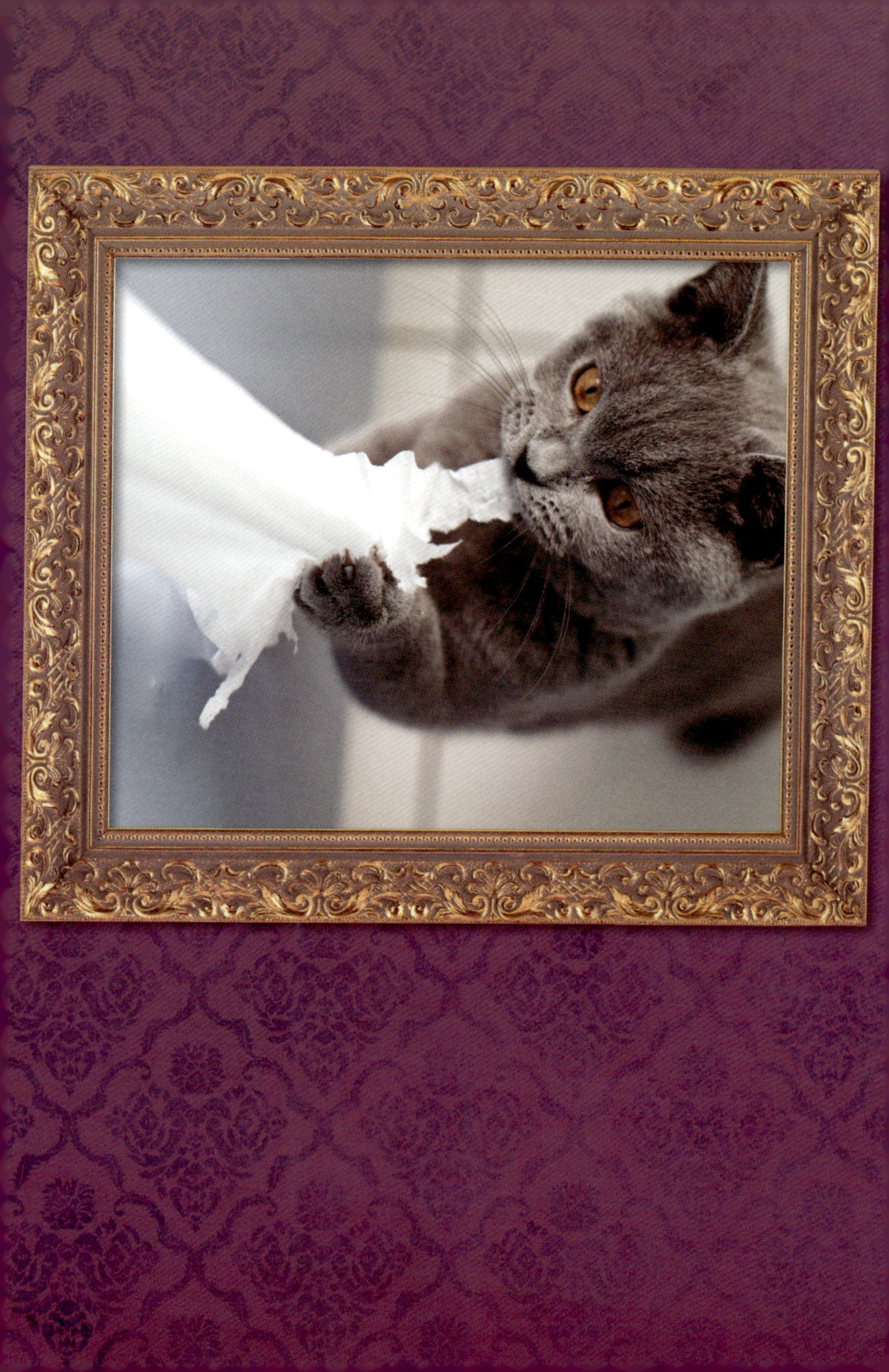

E AGORA SABEMOS

Novecentos e noventa e cinco
Estou fazendo isso por você
Novecentos e noventa e seis
Então por favor não me interrompa
Novecentos e noventa e sete
Estou contando honestamente
Novecentos e noventa e oito
Então por favor registre direito
Novecentos e noventa e nove
E agora graças a mim, depois de um dia inteiro,
Sabemos que realmente havia mil folhas
    no rolo de papel higiênico do banheiro

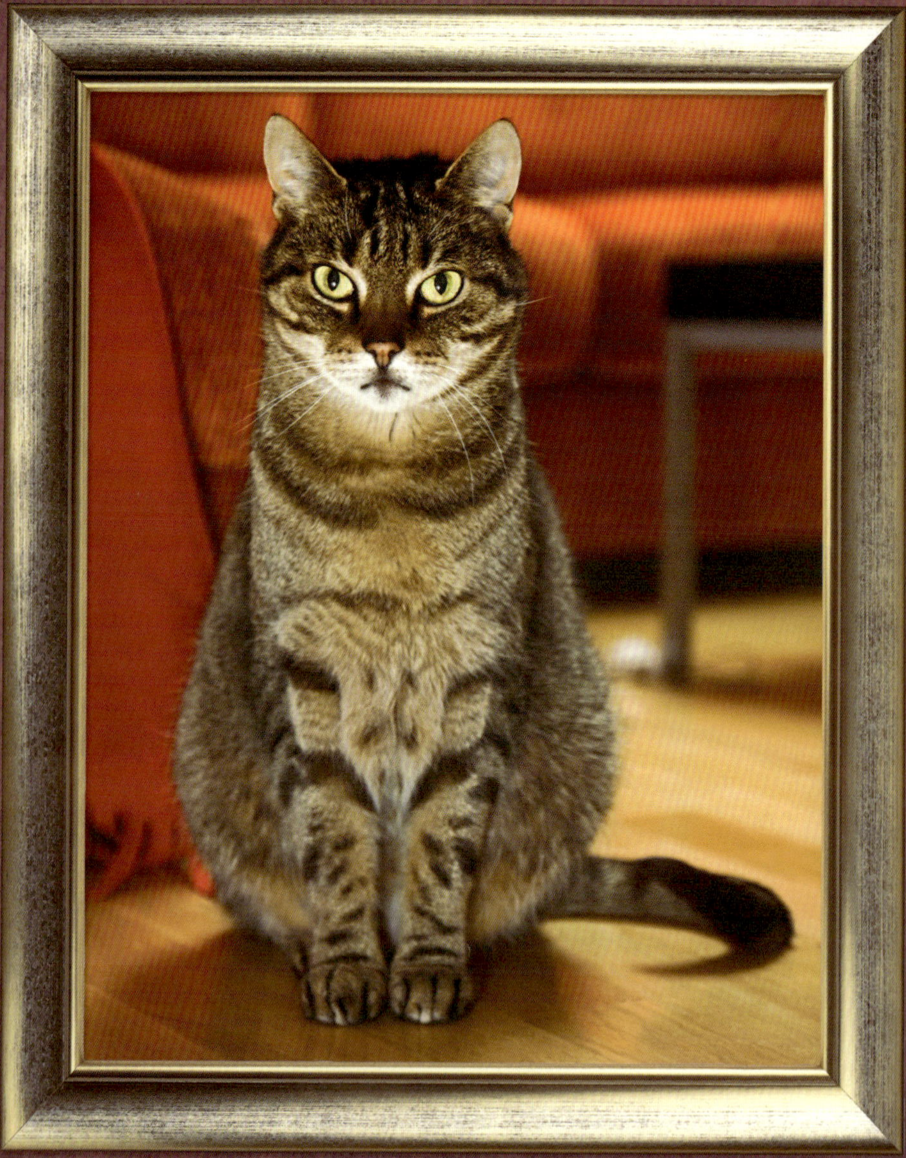

AJOELHE-SE DIANTE DE MIM

No Antigo Egito
Nós gatos éramos deuses
Mandávamos nos céus
Reinávamos na terra
Então diante de mim ajoelhe-se
Eu disse venha até aqui
Ei, escute
Que tal me convidar para um programa?
Tudo bem, talvez um brinquedo
Serve um papel amassado
Não sou exigente
Bom, você pode ao menos coçar
    atrás da minha orelha?
Pode ao menos fazer isso?
Ah
Ah, que bom
Você serve bem ao seu mestre

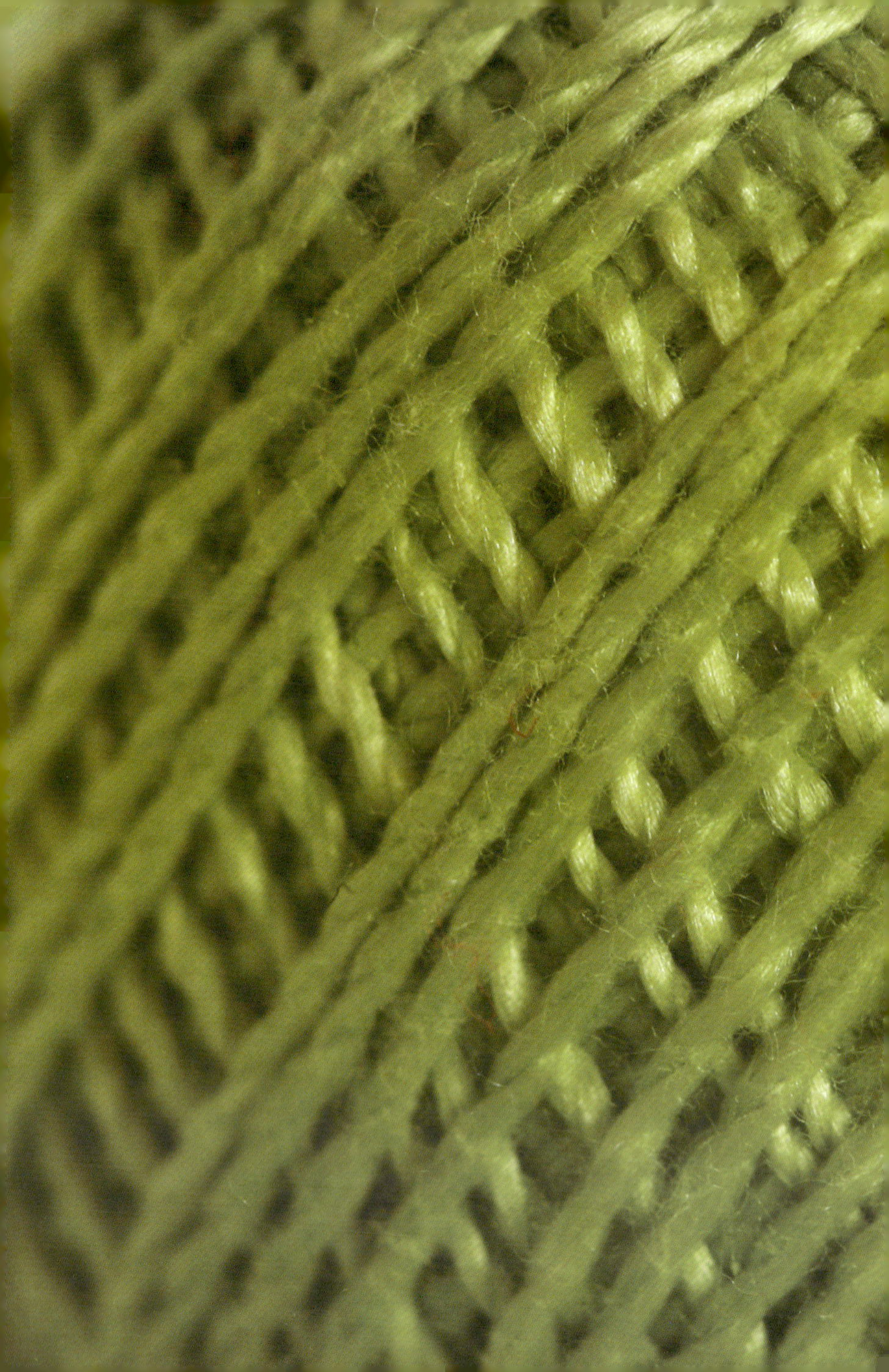

CAPÍTULO

③

BRINCADEIRA

A vida é uma entrada
Feita para ser explorada
Um buraco (do tamanho de uma cabeça) por vez

ADÁGIO DOS GATOS

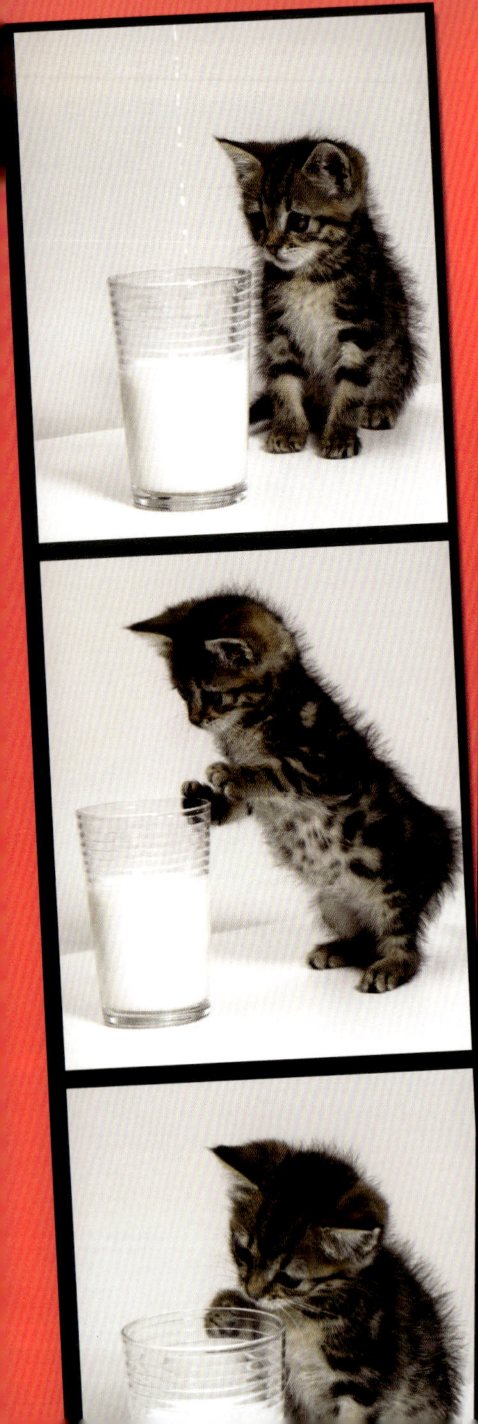

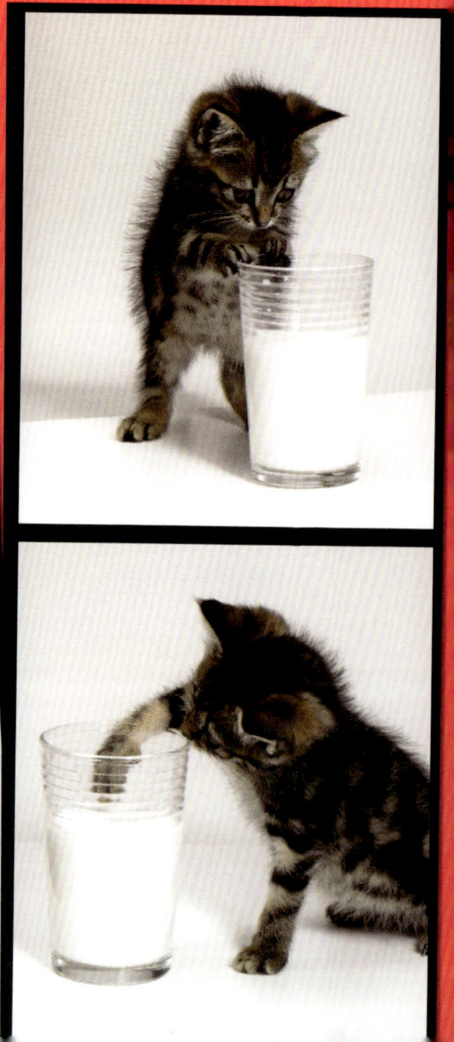

CUTUCA

Cutuca

Cutuca cutuca cutuca

Cutuca cutuca cutuca cutuca cutuca cutuca cutuca

Cutuca

Seu copo acaba de se estilhaçar no chão

CAIXAS MINÚSCULAS

Caixas minúsculas
Brincar e esconder
Caixas minúsculas
Lá dentro se meter
Caixas minúsculas
Confortável aqui
Caixas minúsculas
Pata no nariz
Caixas minúsculas
Preso
PRESO
PRESO!!!
Caixas minúsculas
Uma ajudinha?

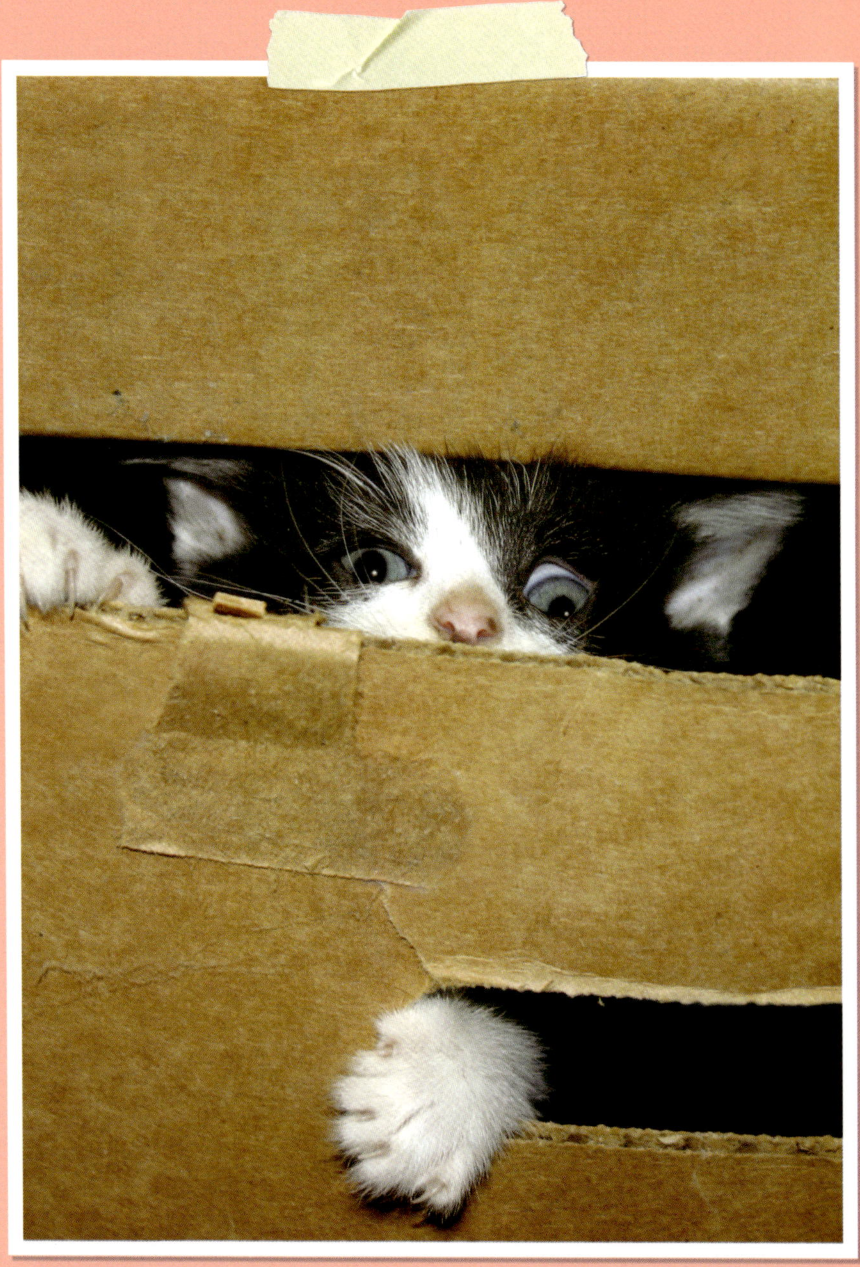

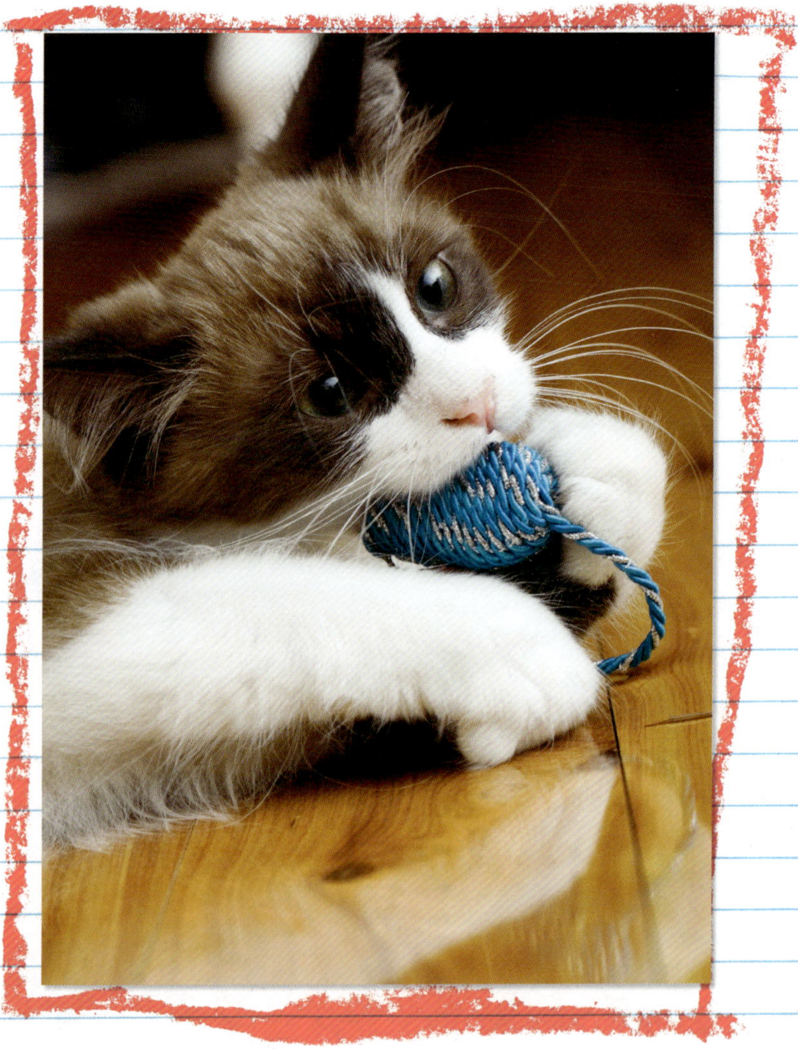

GATINHO

QUE [censurado], AQUELA BOLA QUICA!
CAI FORA DAQUI, [deletado],
    ESSE BARBANTE É IRADO!
FILHO DA [removido], EU POSSO CORRER
    BEM RÁPIDO!
[banido], ACABEI DE QUEBRAR AQUELE PRATO!
QUE [editado], VOCÊ ME VIU PULAR?!
NÃO [proibido], FUI PEGO EM FLAGRANTE
[apito] QUE O PARIU, EU DESCOBRI
    AQUELA LÂMPADA!
AH NÃO, [cortado], LÁ SE VAI
    SEU VIOLÃO NUM INSTANTE
NÃO POSSO ACREDITAR NESSA [recusado],
    EU POSSO ESCALAR AS SUAS PERNAS!
É SÉRIO ESSA [bloqueado]?
DÁ PARA ARRANHAR O CHÃO TODINHO!
VAI SE [apagado], MINHA VIDA
    NÃO É MARAVILHOSA?
É TRISTE PARA [censurado] QUE SÓ
    POR MAIS SEIS MESES
EU VÁ CONTINUAR SENDO UM GATINHO!

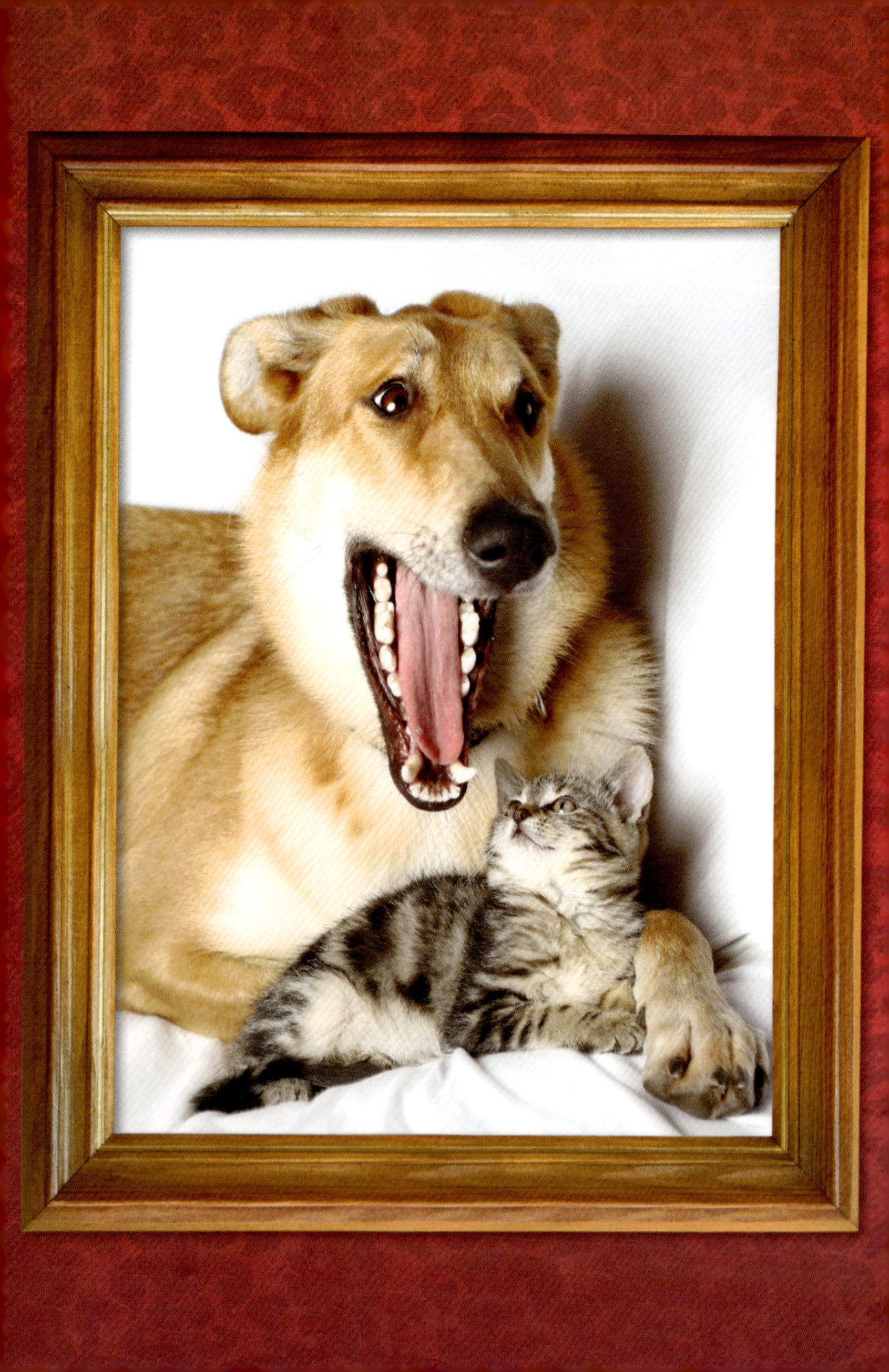

ALGUNS DOS MEUS MELHORES AMIGOS SÃO CACHORROS

Alguns dos meus melhores amigos
    são cachorros
Nós falamos sobre coisas de cachorros
Alguns dos meus amigos gatos não entendem
Nós rimos de como são medrosos
Os cachorros me veem como parte
    do grupo deles
Sério, eles não gostam quando eu lato
Ou finjo de morto
Ou mastigo os brinquedos deles
Ou cheiro seus rabos
Mas ficamos bem
Alguns dos meus melhores amigos
    são cachorros
Achei que você devia saber

ENTÃO FICOU TUDO ESCURO

ESTOU CEGO!
Ei, espera, não estou
ESTOU CEGO!
Não, minha vista está boa
ESTOU CEGO!
Mas agora vejo você
ESTOU CEGO!
E olha você aí de novo.
ESTOU CEGO!
O quê... Espera,
    é a sua mão sobre os meus olhos?

AQUELA PRATELEIRA LÁ NO ALTO

Acho que posso pular para aquela prateleira lá no alto
Quero pular para aquela prateleira lá no alto
Sei que posso pular para aquela prateleira lá no alto
Vou pular para aquela prateleira lá no alto
Não alcancei aquela prateleira lá no alto por um bom metro e oitenta
E agora tudo está no chão
E isso me deixa pensando
Por que as pessoas se dão ao trabalho de comprar porcelana
Se quebra tão fácil

O MUNDO
FORA DA MINHA CASA

No mundo fora da minha casa
Os ratos pulam na boca espontaneamente
E pássaros servem-se na manteiga
Ao invés de voarem para outro continente

No mundo fora da minha casa
O sol é uma luz de raio laser espalhada
Cada nuvem, confortável manta
E as portas não são bem fechadas

No mundo fora da minha casa
Balançar por aí é lei
As flores roçam do rabo à cabeça
E o gato castrado é rei

Do mundo fora da minha casa
Sou barrado na porta
Mas de lá sei muita coisa
Porque o cachorro me conta

A MAIOR DIVERSÃO

HAHAHAHAHAHAHA
HAHAHAHAHAHAHA
Hahahahahahaha
Haha Haha Ha
Aquele cachorro está usando um suéter

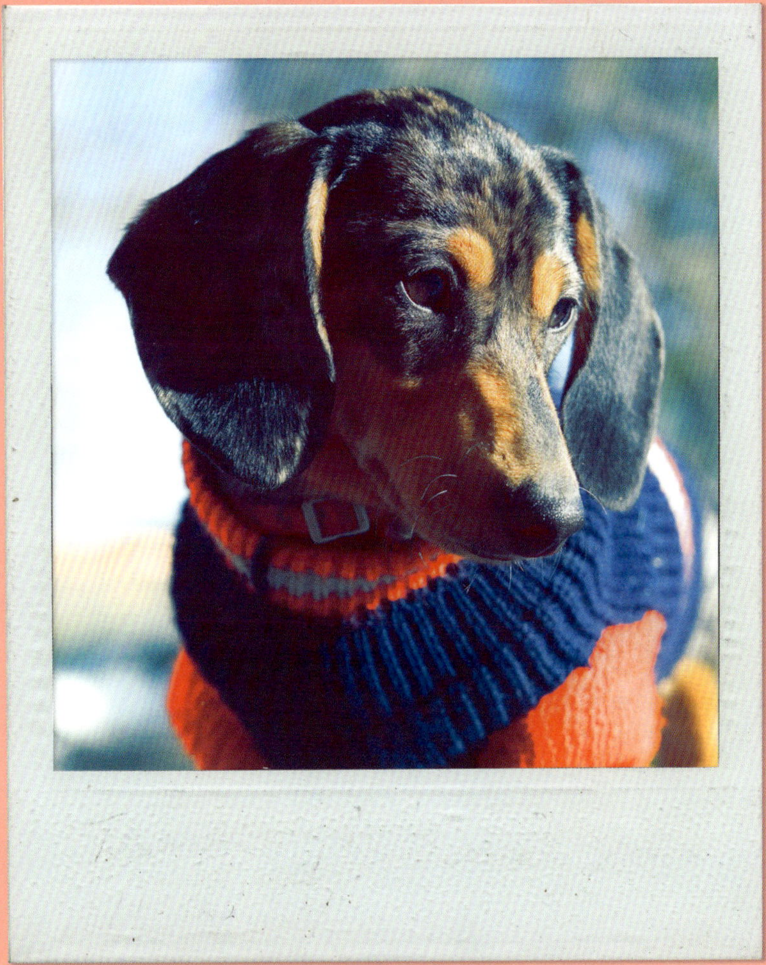

MEU RABO

Se meu rabo está curvado,
    é pura tranquilidade
Se está enrolado então fique à vontade
Se está contraído então saia da minha vista
Se está para um lado então estou soltinho
    na pista
Se está esculhambado então choro
    minhas misérias
Se está açoitando então a coisa vai ficar séria
Se está ereto então agradeço e faço graça
Se não existe então provavelmente Manx é
    a minha raça
Se agarra comida então seu bicho é um macaco

Você provavelmente devia se afastar
    agora mesmo

ELEGIA PARA UM
BRINQUEDO QUE EU QUEBREI

Você não pode mais cantar
Você não consegue mais girar
Você não faz mais nada
Desde que te abri pra ver
    o que o fazia funcionar

Não consigo lidar com toda essa culpa
Não consigo expressar meu pesar tão,
    tão profundo
Não consigo acreditar em como você era
    um troço tão barato
Sério, eu mal o toquei antes de você
    ficar escangalhado

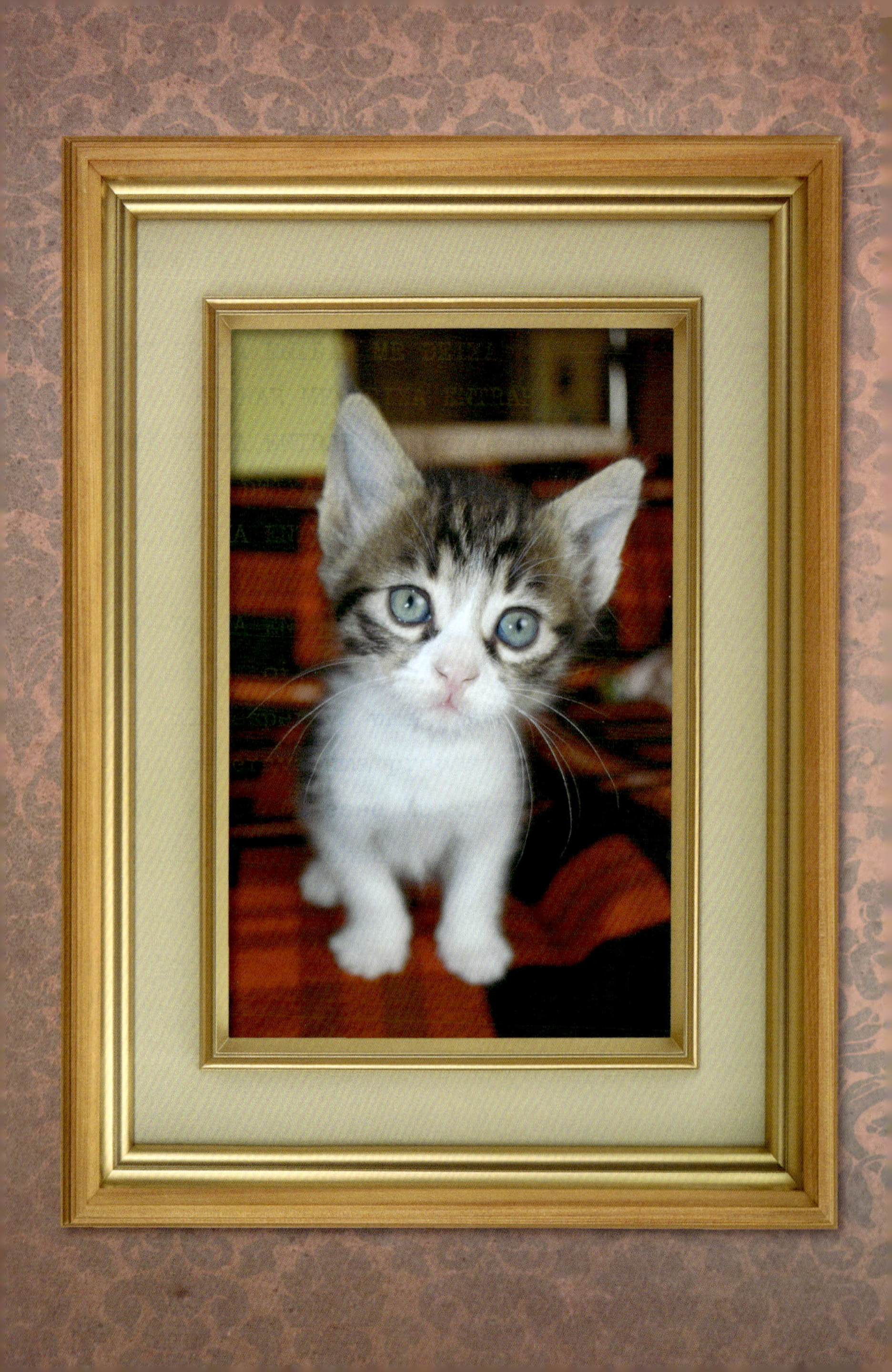

MIAU

Miau

Miau miau miau

Miau miau

Miau miau MIAU!

E aí?

Por que você não está rindo?

Suspiro

Devo ter contado a piada errado

SUSHI

Você realmente achou
Que poderia esconder peixe no arroz?
Ah, o patê verde arde!

UM GATO COMO EU

Não sabia que você tinha um segundo sofá
Não sabia que você tinha uma segunda TV
Não sabia que você tinha um segundo gato
Igualzinho a mim, qualquer um vê

Não sabia que você tinha outra sala
Não sabia que você a havia decorado igual
    à primeira
Não gosto desse gato gêmeo me olhando
    de volta
Bem, dois podem participar dessa brincadeira

Não sei por que não posso entrar
    na sala mais recente
Eu tento e tento mas não consigo ir além
Não sei por que você berra comigo
    para não arranhar o espelho
Quando o gato gêmeo está fazendo isso, também

ISSO. NUNCA. VAI. ACABAR.

Faz quatro dias desde quando começamos
Faz três dias desde quando você
    se alimentou
Faz dois dias desde quando o seu chefe ligou
E por conta do atraso o dispensou
Mas foi você quem fez isso
Quem colocou a pena no barbante
Quem o balançou para eu brincar
Quem despertou meu coração cantante
Então bem-vindo à sua eternidade

KUBLA GATO

Na borda de uma xícara sorridente
Kubla Gato decretou
Que o bolinho de milho enfeitado
Devia o brownie libertar
Então os muros se liquefizeram
Para nossas mágoas afogar
As cadeiras por calor arderam
Para o palhaço não encarar
E as colheres começaram a cantar
E a onda dos garfos começou a sacar
Enquanto minhas garras danavam a falar
O fato é que essa erva-dos-gatos
    é boa pra danar

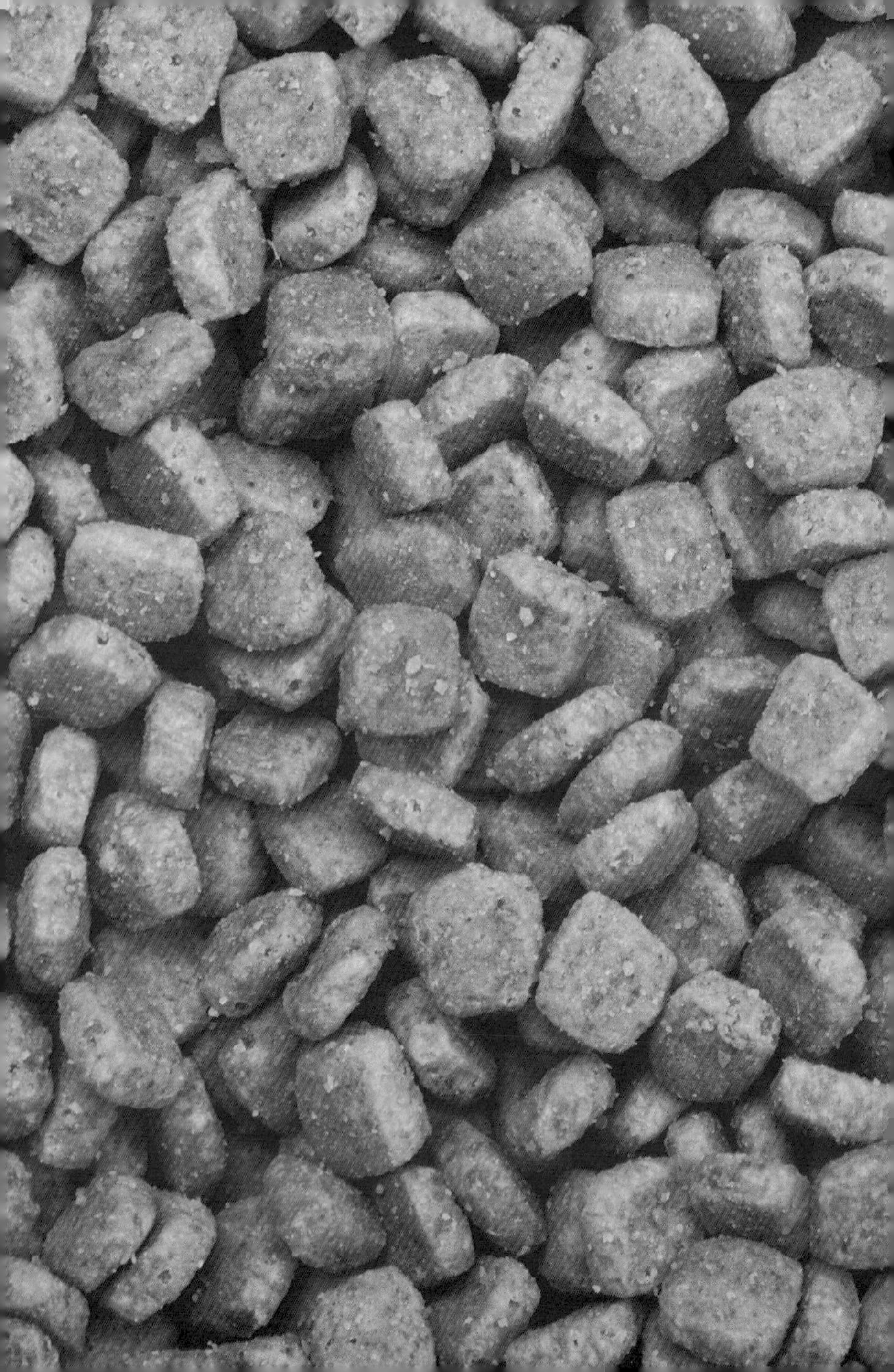

CAPÍTULO
④

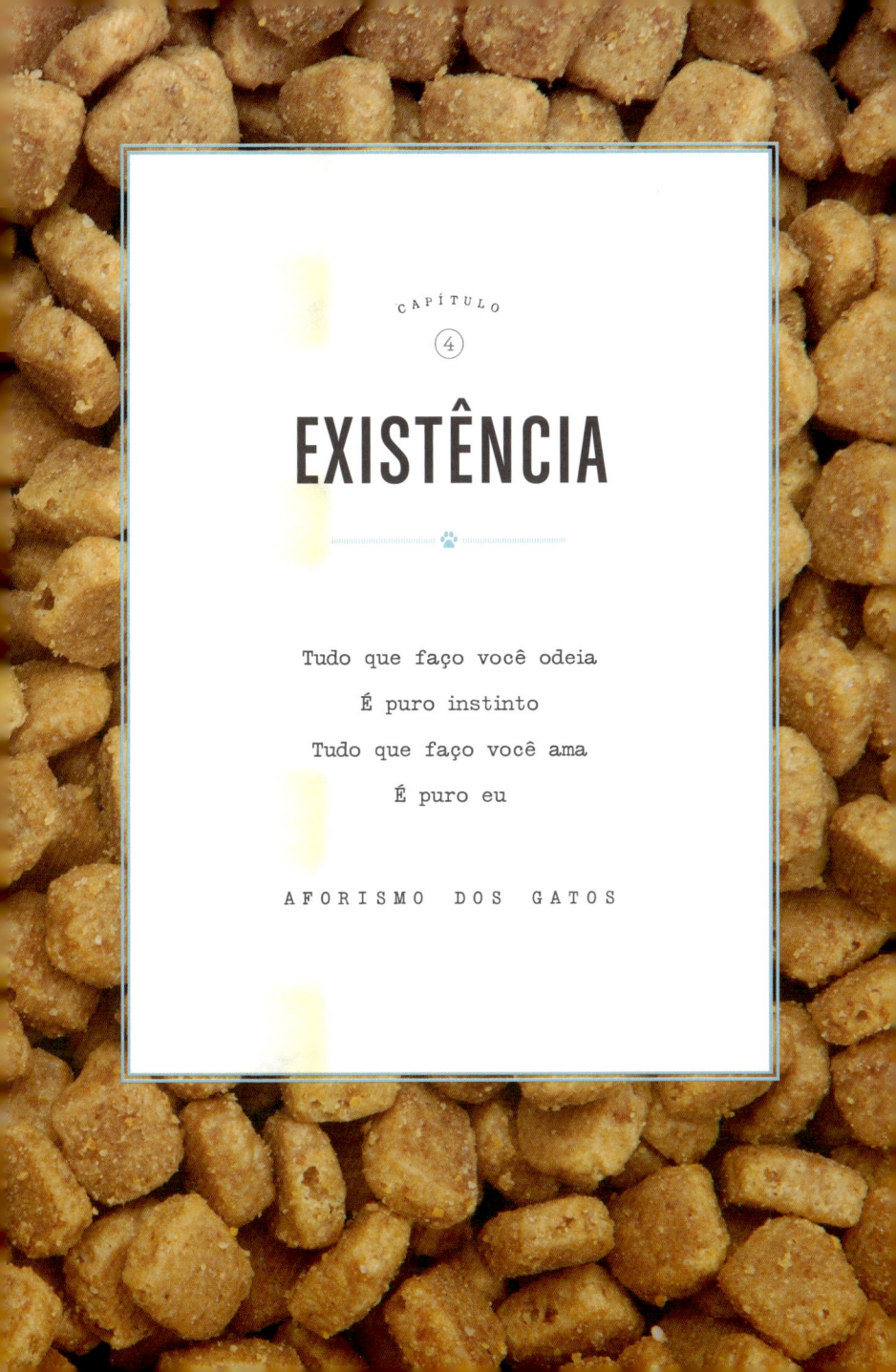

EXISTÊNCIA

Tudo que faço você odeia
É puro instinto
Tudo que faço você ama
É puro eu

AFORISMO DOS GATOS

AUTOAFIRMAÇÃO

Eu sou inteligente

Sou atraente

Sou poderoso

Sou proativo

Tenho valor

Tenho saúde

Sou forte

Sou malandro

Estou cercado de amor

Eu sou um farol de esperança

Eu-HORKFLAKGLORKSGOLFEI

...

Engasguei com um chumaço de pelo

E eu sou um gato

E o que acabou de acontecer

Foi apenas um contratempo

Da caixinha de areia de...

A NATUREZA

A folha gira suavemente
    para o chão ressecado
O floco desaba levemente
    no monte nevado
O relâmpago cai vigorosamente
    com estrondo numa clareira
E eu tombo preguiçosamente
Da geladeira para a lixeira.
Assim é a natureza

SÓ NÓS DOIS

Não há nada como uma longa
Direta
Intensa
Desagradável
Infeliz
Troca de olhares
Para ajudar a ver
Que talvez você tenha posto minha caixa
    de areia
Perto demais da sua melhor cadeira

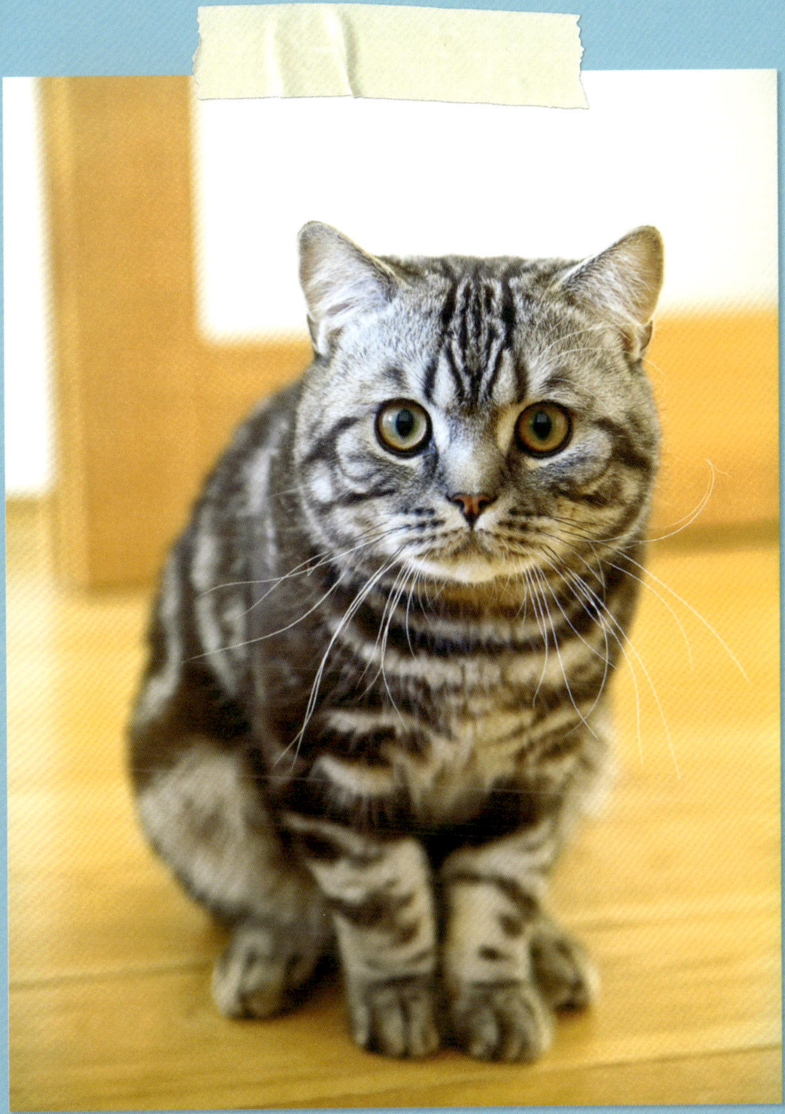

NÃO SOU PARANOICO

Não vou tocar na minha comida porque
    tem um comprimido nela
Não vou aceitar aquele presente porque
    tem um comprimido nele
Não vou chegar perto da sua mão porque
    tem um comprimido nela
Não vou brincar com esse brinquedo porque
    tem um comprimido nele
Não vou entrar naquele quarto porque
    tem um comprimido nele
Não vou dormir naquele colchão porque
    tem um comprimido nele
Não vou olhar para o céu porque
    tem um comprimido lá em cima
Não vou fazer coisa alguma porque
    tem um comprimido em todo lugar

Você talvez me ache paranoico
Talvez me ache muito louco
Mas não vai me enganar de novo
Além do mais, acho que posso extirpar
    meus vermes se mentalizar

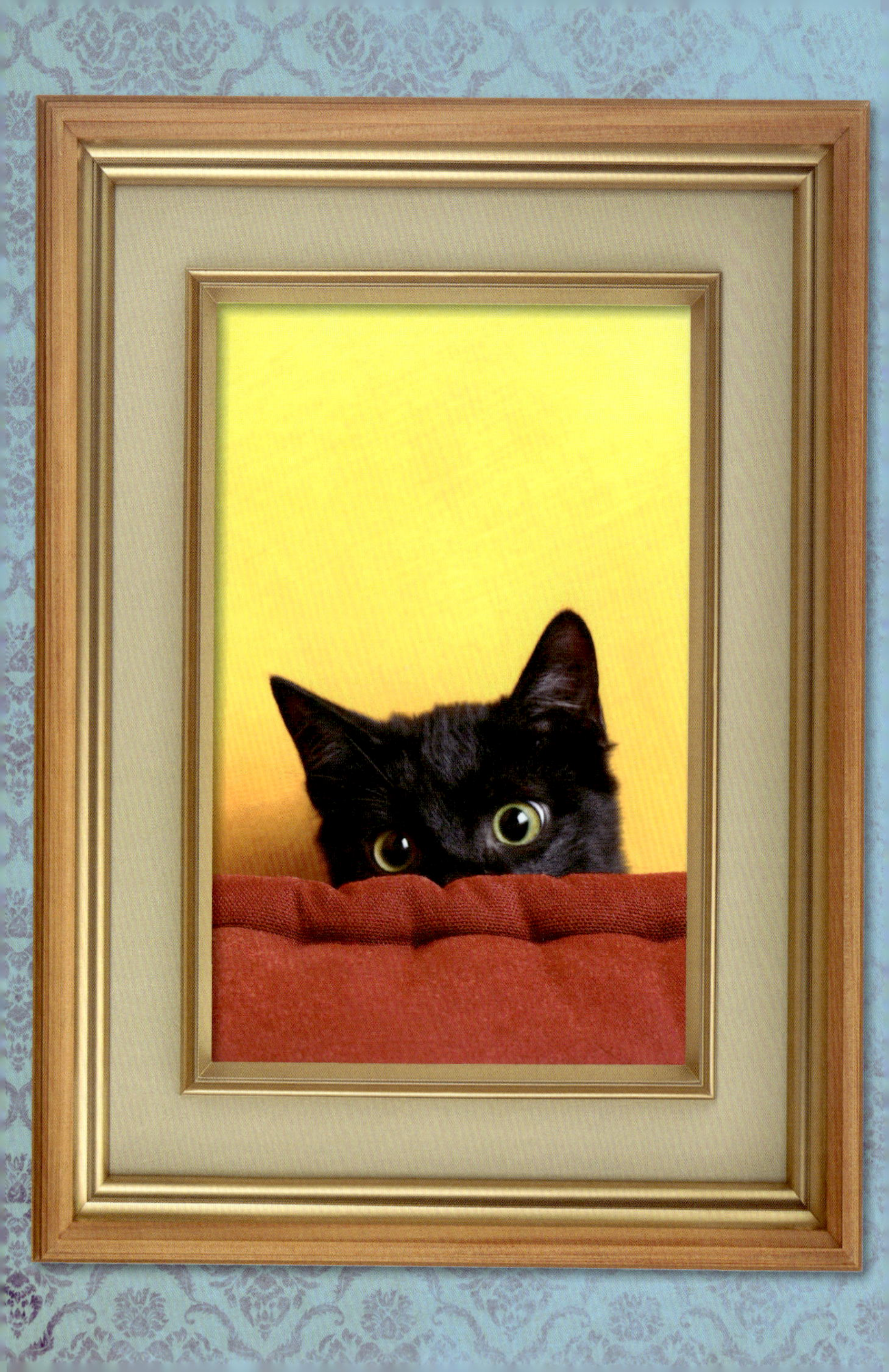

OFERECER

Você não pode deter alguém
    que quer ir embora
Você não pode manter uma memória
    como se fosse o agora
Você não pode guardar um insulto
    perto do coração
Você não pode alcançar o topo
    sem sair do chão
Você não pode viver a vida
    pensando em perdê-la
E você não pode tocar um ponto de laser
    na parede
Não importa o quanto tente
Essas são verdades conquistadas com muito
suor que passo adiante

SIAMÊS

Por quanto tempo você pode fazer zumbido
   antes deles dizerem que você está
   doido à beça?
Qual a diferença entre uma rua,
   uma avenida e uma travessa?
Você alguma vez contou uma piada étnica
   e insultou um fantasma ao seu lado?
Já pensou no que aconteceu com Donny Most,
   de "Happy Days", aquele seriado?
Se um furacão fosse batizado de "Mortimer",
   será que alguém fugiria?
Se uma torradeira passasse a ter vida,
   a bandeja coberta de migalhas se
   autolimparia?
Por que duendes não usam seu ouro
   para pagar seus empréstimos de
   estudantes?
Por que ninjas em ação nunca esquecem
   de silenciar seus celulares antes?

Sei que muita gente pensa
   que siameses são tagarelas
Sei que todo eles pensam que só
   falamos o tempo inteiro
Mas você está bem acordado na cama
   olhando fixo para o teto
Então talvez possa me dizer
   por que não quadro branco e giz negro?

FRIO

Essa mesa está fria
Aquela mão está fria
A agulha está fria
O estetoscópio está frio
O doutor está frio
A enfermeira está fria
Essa sala está fria
A única coisa que está quentinha
É a poça de xixi
    que fiz no prontuário

TODO MUNDO

Todo mundo tem síndrome de perna agitada
Todo mundo já escorregou ou caiu
Todo mundo sofre de depressão
E de disfunção da bexiga também, viu?
Todo mundo devia processar seus médicos
À noite, o sono de ninguém pega no tranco
Todo mundo fica mais elegante
Quando filmado em preto e branco
Todo mundo precisa pensar no futuro
Todo mundo deve dinheiro
Tudo aparenta ser tão frio e sem graça
Desde que você passou a deixar a TV ligada
para eu ter companhia o dia inteiro

GATO MAIOR

Não sou gordo, tenho ossos grandes
Não sou gordo, sou de uma raça maior
Não sou gordo, só tenho mais pelos
Não sou gordo, só tenho mais músculos
Não sou gordo, são os quilinhos de inverno
Não sou gordo, é apenas o ponto de vista
Não sou a razão de você ter ferrado
    suas costas
Mas da próxima vez que me levantar,
    use os joelhos para impulsionar

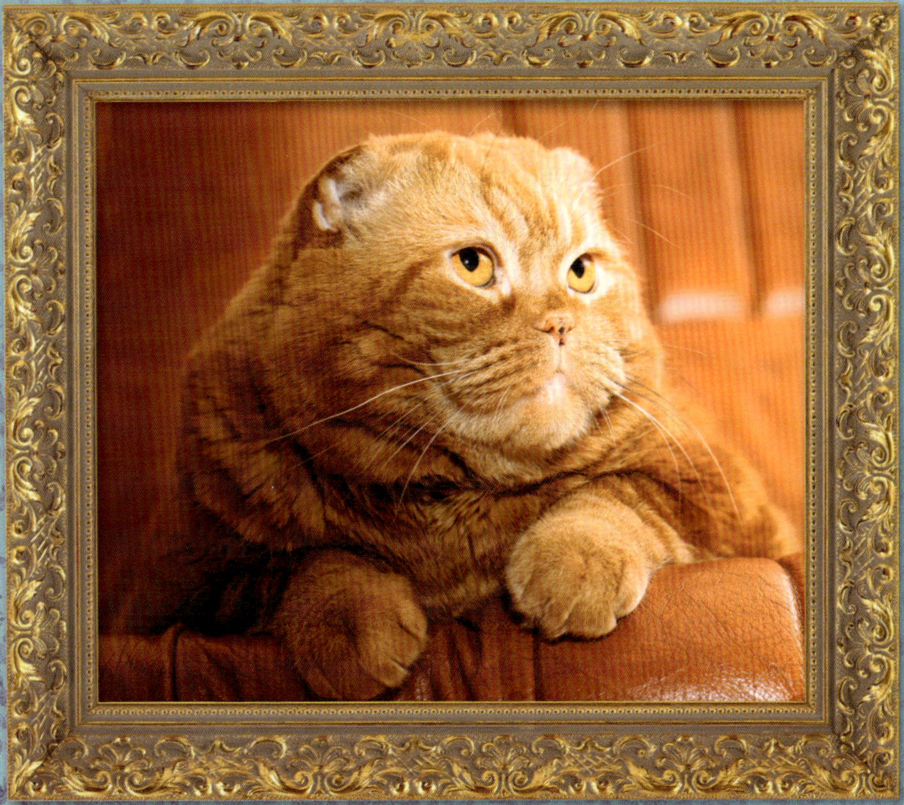

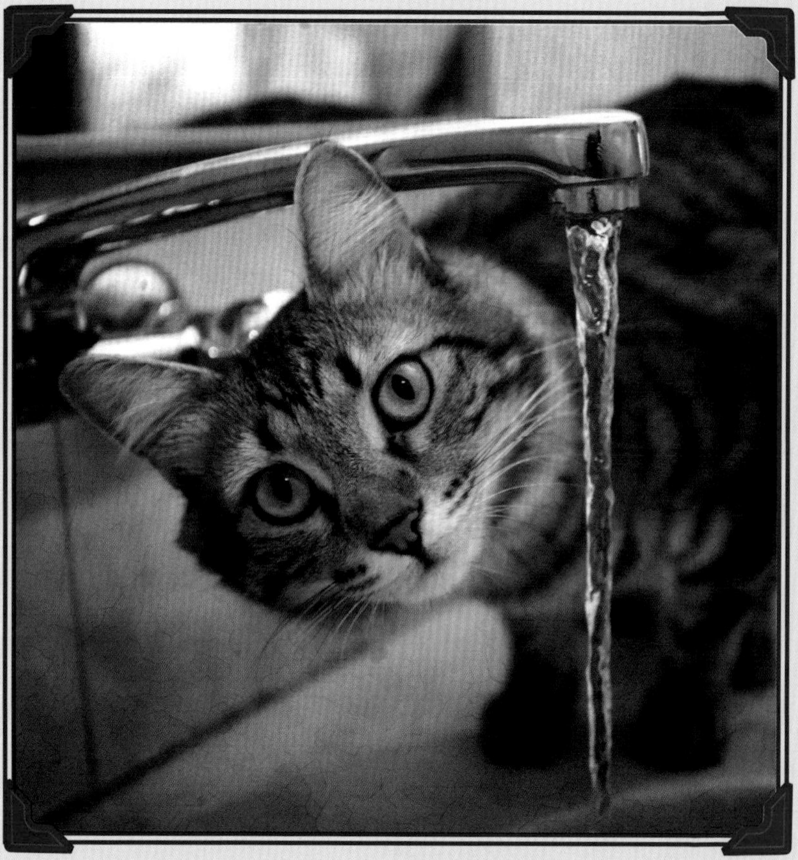

NÉCTAR DOS DEUSES

Sorve, sorve, sorve
O sabor amadeirado
Lambe, lambe, lambe
Um toque frutado
Suga, suga, suga
Um corpo delicado
Escorre, escorre, escorre
Tão leve e equilibrado
Oh, eu não sabia que água
    podia ser tão bom assim
Oh, torneira da pia,
    uma maravilha para mim
Oh, não acredito em como desperdicei
    esses anos todos
Bebendo aquela lavagem que você serve
    na minha tigela chinfrim

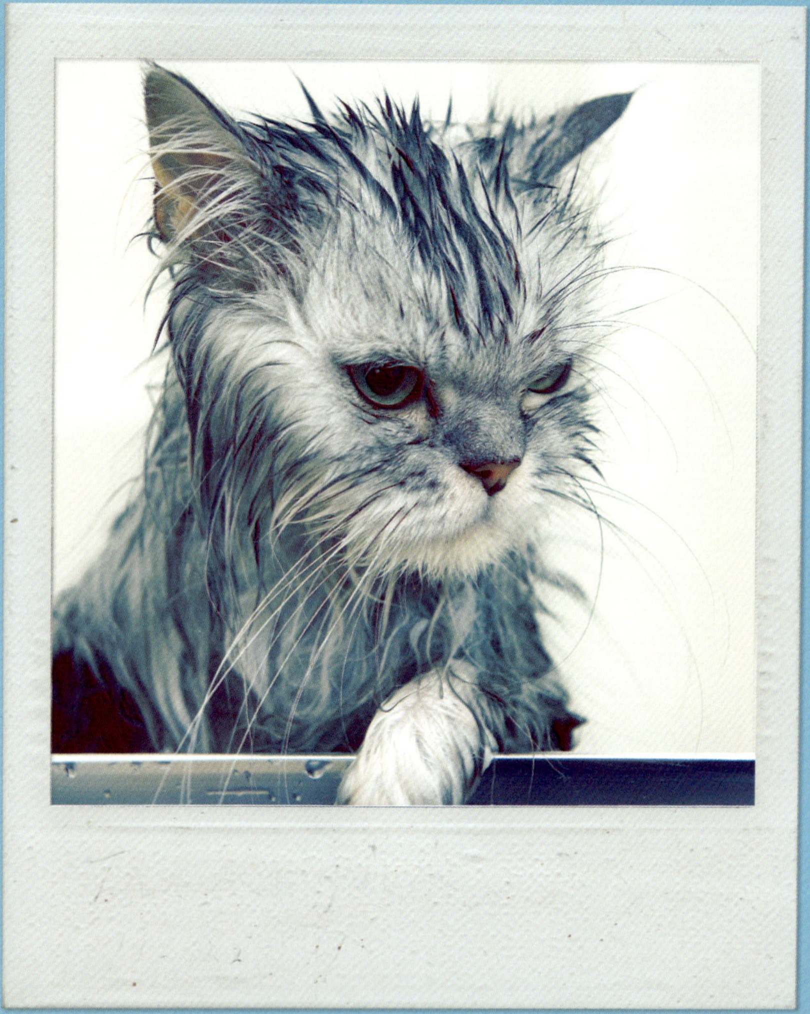

ESTOU TÃO FURIOSO QUE PODERIA—

O que você pensa que—
Como pôde me tratar desse—
Não se atreva a ligar essa—
Diabos, isso é uma tortura
AUGH! AUGH! Está vindo no meu—
É tão cruel, como pôde—
Não se atreva a me botar na—
Vou matar você bem—
Deixe-me só arranhar seu olho com minha—
Para de me interromper com—
Será que esse pesadelo vai—
Oh, acabou
Tudo bem agora
Mas essa é a última vez
que você me dá banho

NÃO

Eu sei o que "não" significa
Sei o que você disse
Sei que você disse "Não"
Escutei todas as vezes
Sei que você gritou "Isso quebra"
Sei que berrou "Não faz, está ouvindo?"
Mas não sei por quê
Você está chateado agora que quebrou
Quando tenho toda a certeza de que
Você não disse "Não, não faça isso"
Na sétima vez em que bati
e você olhava para o outro lado

O MELHOR AMIGO DO HOMEM

Por que o cachorro é o melhor amigo
   do homem?
Porque eu não o cumprimento na porta?
Porque não balanço meu rabo quando você sai?
Porque eu não brinco de pega e traz?
Porque não faço um único truque?
Porque não imploro por atenção?
Porque não respondo quando você chama?
Bom, eu também não assisto você fazendo sexo
E vou apenas registrar o que o cachorro conta

SINTO FALTA DE MIM

Sinto falta do meu lugar especial
    onde ao sol eu fico exposto
Sinto falta da minha cabeça pressionada
    contra o seu rosto
Sinto falta do atrito do carpete
    contra as minhas patas
Sinto falta do sofá que resiste
    às minhas garras
Sinto falta de deslizar pelo chão da cozinha
Sinto falta de uivar na porta
    do seu quarto à noitinha
Sinto falta de deitar no parapeito
Sinta falta de fechar a boca para
    o comprimido que rejeito
Sinto falta da minha família, minha casa,
    seu suéter xadrez
Sinto falta até daquele imprestável
    setter irlandês
Sinto falta de tudo que eu fui um dia
Antes de subir nessa árvore estúpida
    por teimosia

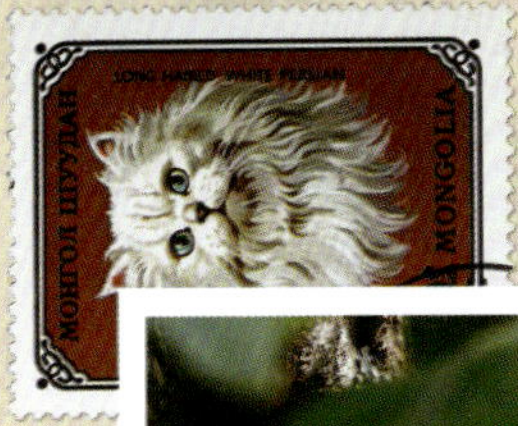
МОНГОЛ ШУУДАН
MONGOLIA

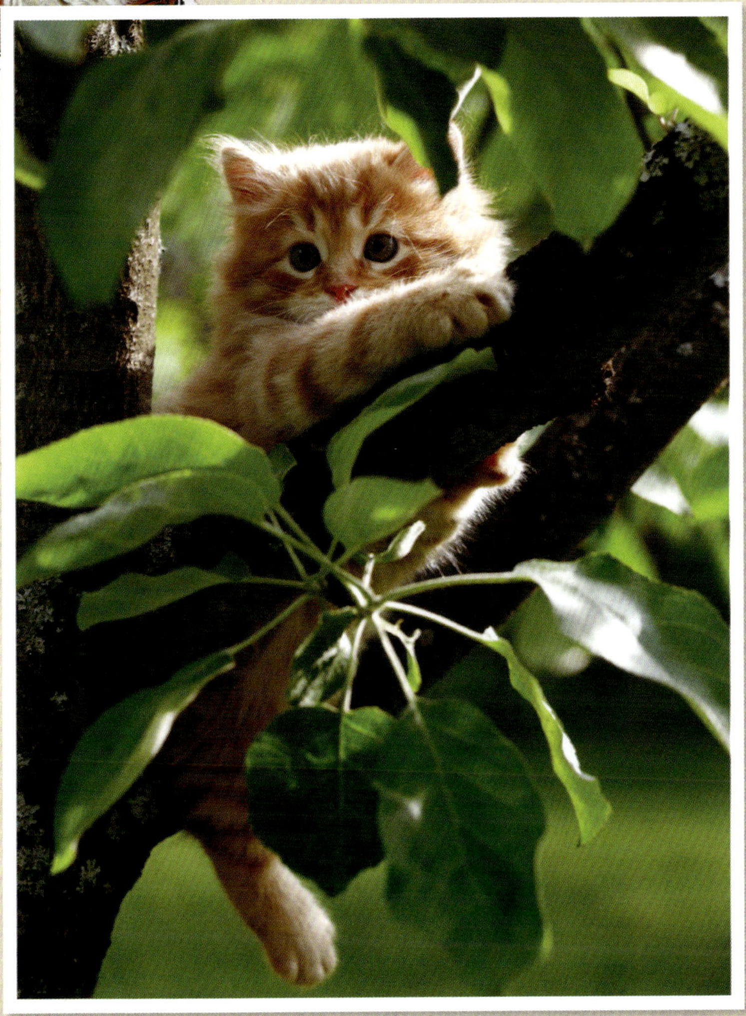

FOFO CAMA PULA

Fofo cama pula
Olha isso isso
Não para porta
Bola bola sofá
Sim queixo orelha
Peguei rabo rabo
Corre comida desliza
Só tenho três
Semanas de vida
não sou bom ainda
com a língua humana

AGRADECIMENTOS

Meus mais profundos agradecimentos a Emily Haynes, Scott Mendel, Emily Dubin, Becca Cohen, Emilie Sandoz, ao pessoal fantástico da Chronicle Books nos Estados Unidos, e a Lucas Telles e seus maravilhosos colegas da Editora Rocco no Brasil, que tornaram tudo isso possível e permitiram que eu mantivesse a palavra "xixi" no título.

E um sonoro "Obrigado!" por todo o amor e apoio de minha mãe, meu pai, Marcello, Kim Lofgren, Ari Jaffe, Lena Verkhovsky, Maryanne Ventrice, Dan Piraro, "Alspaugh" e de cada gato que de alguma forma conseguiu usar o teclado sem digitar "Thustewje cdtfxjhsyt kshs" por mais de 112 páginas.